I0843185